사슴 브로치와 소녀

사슴 브로치와 소녀
시산맥 서정시선 067

───────────────

초판 1쇄 발행 | 2020년 8월 1일

지 은 이 | 한진수
펴 낸 이 | 문정영
펴 낸 곳 | 시산맥사
편집주간 | 이성렬
편집위원 | 강경희 안차애 오현정 정재분
등록번호 | 제300-2013-12호
등록일자 | 2009년 4월 15일
주 소 | 03131 서울특별시 종로구 율곡로 6길 36.
　　　　월드오피스텔 1102호
전 화 | 02-764-8722, 010-8894-8722
전자우편 | poemmtss@hanmail.net
시산맥카페 | http://cafe.daum.net/poemmtss

ISBN 979-11-6243-125-2 03810

값 9,000원

* 이 책은 전부 또는 일부 내용을 재사용하려면 반드시 저작권자와 시산맥사의 동의를 받아야 합니다.
* 이 도서의 국립중앙도서관 출판시도서목록(CIP)은 서지정보유통지원시스템 홈페이지(http://seoji.nl.go.kr)와 국가자료공동목록시스템(http://www.nl.go.kr/kolisnet)에서 이용하실 수 있습니다. (CIP제어번호 : CIP2020030346)

사슴 브로치와 소녀

한진수 시집

* 본문 페이지에서 한 연이 첫 번째 행에서 시작될 때에는 〈 표기를 합니다.

■ 시인의 말

아직 내보이기 부족한, 과하게 서정적인 글을 시집으로 묶어 낸다는 점이 죄송합니다.

사실보다 더 화려하거나 무게감 있어 보이게 기교를 쓴 부분이 없도록 노력하다보니, 질박한 시집이 되었습니다.

마음 편히 여가시간에 아무 페이지나 펼쳐서 한두 편 읽고 도로 덮으시면 됩니다. 미련하게 썼다고 해도 변명할 말 없는 글입니다. 제가 시를 담담하게 적은 것도 있지만, 한편 문학작품을 읽는 사람이 점점 적어지는 요즘, 시 역시 가벼워지는 것이 보편적이고 피할 수 없는 수순이라는 서글픈 생각도 듭니다.

여기 담긴 시들은 보편적 주제를 다룬 서정시이고, 시를 읽는 분들은 자기 자신의 모습을 시에 투영하고 놀랄 만큼 닮은 삶의 순간을 건져 올릴 수 있으리라 생각합니다. 읽는 분이 감정의 순화를 경험한다면 비로소 저도 제 시들이 무가치했던 것은 아니라 생각하고 위안을 얻을 것 같습니다.

서정시선으로 출판하게 해준 시산맥에 감사드리며, 책을 펼치신 분에게 앞으로 좋은 일만 가득하시길 기원합니다.

2020년 7월, 한진수

■ 차 례

1부 사막

아름다운 날들로 장식된 사랑 - 19
함덕 - 20
텅 빈 벤치 - 21
느린 바다 산책 - 22
선량함 - 24
식은 아메리카노 - 25
아련함 - 26
작은 새 - 27
속죄 - 28
진심과 진실 - 30
두려운 충동 - 32
슬기로움 - 34
투사 - 36
고백 - 37
우아한 눈을 들어 올리다 - 38
놓아주는 연습 - 40
사슴 - 42

2부 포플러

소중함 — 45

미적 선물 — 46

다시, 포플러 — 48

사슴 브로치와 소녀 — 49

고해 — 50

예술 — 52

인형극 — 54

친절 — 55

10월의 순례 — 56

겨울이 깊어갈 때 — 58

사랑의 말 — 60

차가운 등불 — 62

보고 싶음 — 64

그림자 — 65

어느 날 라일락이 피어나 — 66

3부 푸른 꽃

내 옅은 우수 — 69

알코올 의존증 — 70

5분 — 72

푸른 꽃 — 74

까마귀 떼 — 75

별들은 얼마나 애잔하고 쓸쓸하게 빛나는가 — 76

탕아의 역정 — 78

수장水葬 — 80

마음 — 81

시베리안 허스키 — 82

용기 — 84

가다 — 86

상실 — 87

아버지 — 88

4부 청수국

이 마음은 1 – 91
이 마음은 2 – 92
이 마음은 3 – 94
이 마음은 4 – 96
이 마음은 5 – 98
이 마음은 6 – 100
이 마음은 7 – 104
이 마음은 8 – 106
이 마음은 9 – 107
이 마음은 10 – 109
이 마음은 11 – 112
이 마음은 12 – 114
이 마음은 13 – 116
이 마음은 14 – 119
이 마음은 15 – 121
이 마음은 16 – 122
이 마음은 17 – 124

■ 해설 | 최동문(시인) – 127

1부

사막

아름다운 날들로 장식된 사랑

아름다운 날들로 장식된
너의 미소는 나의 심장에 꽂힌 창

너는 내 마음의 폭군이었고,
나는 그만 너를 잊을 때가 왔음을 깨달았지만
나는 내 심장에 꽂힌 그 창을
뽑을 용기가 없습니다

함덕

어머니 아버지
나는 나의 슬픔을
무엇으로 고칠지
알 수 없어
이 밤 운전대를 잡고 나섰습니다
함덕 바다를 보기 위한
이유 없는 외출

어머니 아버지
나는 내가 헤매는 이유를 알지 못한 채
이 밤을 헤매고 있습니다

함부로 그 이유를 말하지 않으려 합니다
알지 못하는 것을 아는 듯 말하는 것이
나의 못된 버릇이기 때문입니다

아버지 어머니
나는 나의 슬픔을 알지 못합니다

텅 빈 벤치

너는 물로 그려진 그림처럼
나의 마음속에 다가와
손을 뻗어도 붙잡을 방법은
마땅치 않아 보인다

크고 슬프고 아름다운 운명은
물 먹은 수채화처럼
오늘에서 내일로, 내일에서 모레로 번지고

물 위에 쓰인 고백의 글씨,
바다를 혼자 걷는데
나는 울적하지는 않아도 왜일까
어둑하니 저물어가는 저녁
자꾸만 텅 빈 해안과
텅 빈 벤치가 눈에 밟히는 것이다

느린 바다 산책

정결하고 애상에 젖은 시간을
기억 속에 반짝거리는 사람을
그리워한다

알 수 없이
그리워한다

삶의 현장은 온통 불꽃과 신음뿐이라
삶의 현실로 뛰어들어야 되는
용기가 필요한 때조차 머뭇거리며
드넓은 바다와 하얀 포말,
시린 안개비를 지나 외따로
먼 곳으로 저 멀리 걸어간다

더는 그리워 말자고 나에게
다짐해 본다
그러다 나는
더는 그리워하지 않기로 한다

〈
정결한 영혼,
추억 속의 사람을
파도가 백사장에서
밀어내고 밀어내도
밀려나가는 바 없이
모든 것은 제자리를 지킬 뿐

선량함

선량함은 어디에서 오는가
마음 너머 봄의 향기와 찬란함이
산들바람처럼 불 때
넘쳐나는 너그러움과 사랑이
다른 이들에게 수채물감처럼
번져나갈 때

선량함, 그것은 새하얀 백자보다 순수하고
느리게 우려낸 차를 담은 투박한 찻잔보다
더 소박하고 일상적이며
몸을 숙여 작은 것들을
보이지 않았던, 놓쳐버린 것들을
하나씩 살필 때
예고도 없이 다가와
우리 마음을 두드리는 것이다

식은 아메리카노

점멸하는 차가운 거리의 신호등
차가운 커피를 마시는 일요일 저녁
어떤 기원과 사람과 사람 사이의 진솔한 대화
눈물로 이뤄지는 탄원

삶의 어려움이 어느 날 버티지 못하게 돼버려서
그만두고 놓고 싶노라는
솔직한 한마디 말

더는 사랑하지 않는
한때는 사랑했던 이에게는 냉정한 이별사만 남기고
찢어지는 가슴으로 나서네
계절이 얼어붙어 미끄러운
겨울 거리로

아련함

진실과 고해,
그 속에서 눈물 흘리며
길 잃은 채 허비되리라
삶이란
늘 불가해하고
아련함뿐

작은 새

너는 내 마음속의 작은 새 같아
그리고 내게 들리는 목소리는 너의 목소리뿐이야
그것을 아니?

나는 너를 매일 새롭게 발견하고
너에 대한 생각은 바다에 밀려오는 파도처럼
나의 세상에 상냥히 찾아온다

너는 나의 세상에
밀려오는 파도이고 가슴속의 새이며
그것은 유일한 안식과 위로다

속죄

깊은 밤 내가 너를 사랑하여
남모를 일기장에
권태로움을 견디며 열에 들떠
침대에 누워 앓는 얼굴로
또 한 줄의 부끄러운 글을 적었다
어제도 너의 꿈을 꾸었고
아침나절부터 밤까지
너의 생각을 하며 기운 없었다

사랑은 내가 눈뜨고 숨 쉬는
시간을 갉아먹고
무의식부터 나를 두려운
불안과 영원한 자유에 대한
갈망으로 몰아넣는다
우리의 삶은 짧고
순간순간은 돌아오지 않는 장면과
놓쳐버린 기회의 연속이다
그럼에도 불구하고
부끄러운 줄도 모른 채

네가 없다는 이유로

나는 권태에 빠져 있다
권태는 믿을 수 없는 신비로운
자기기만의 기술이다
권태로움은 일종의 발명된,
우리의 마음이 날조해내는
기적 같은 발명품이다

권태는 새로운 시도, 틀의 파괴,
혁명과 사랑의 원천이다

진심과 진실

아마도 시간을 요구할지 모르나
사람의 마음을 움직이는
다양한 전략 중 한 가지
효과적인 방법은 용서이다

꾸며낸 거짓된 보조개나
예쁘게 웃는 복숭앗빛 입술은
귀에 꿀물 같은 거짓말을 들이붓고

그리고 정겨운 재회의 악수며
허심탄회하게 다가오는 고해며
능력이 채 닿지 못함을 인정하는
쓸쓸한 순간조차

진실한 미안함과 용서가 없으니
그저 퇴색된 의미만을 남긴다

만남의 뒤로 그어지는 궤적은 공허하고
내면으로부터 솟아나는 구원은

결국 가벼운 날숨의 입김처럼 사라진다

보이기 위한 것과 들리기 위한 것
보고 싶은 것, 듣고 싶은 것이
우리의 눈과 귀를 덮었음을 인정할 때,
비로소 존재의 의미가
용서의 의미가 찾아온다

두려운 충동

나는 파란 배를 타고 나아간다
아직 설익은 꿈의 나라로
기대와 환상과 아름다운 이의 미소를
마음속에 그리며

그 창백하고 핏기 없는 도화지는
서늘한 겨울 하늘 아래
마음속 예쁜 그림들을 품을 듯하다

하지만 고백한 기쁨들은 나를 버리고
어째서 나에게 다 시든 꽃다발과 찢긴 편지를
안겨주는지

그러나 자꾸만 밤의 절망 속으로
시커먼 어둠 속으로 떨어지는 마음
기댈 곳 없는 추락,
자기 파괴적인 밤의 이미지

나는 기어코 오늘보다 더 나은

기쁘고 나이팅게일의 지저귐처럼 우아한
아침을 마주할 거라는 희망을 버리지 못한 채
그렇게 야위고, 간난한 삶을 응시한다

슬기로움

나는 너의 얼굴을 보았다
차갑고 굳은 화난 표정
우연히 거울에 비친 얼굴이
나를 절망으로 밀어 떨어뜨렸다

아마도 너는 내가 너의 일그러진 표정을
못 보았을 것으로 생각하고
다시 웃는 얼굴로 내 옆자리로 돌아와
앉았으리라

내 마음은 찢기어 분쇄되고
나는 이어 붙일 방법을 찾아보았으나
그건 고단하고 의미 없는 작업임을
머지않아 깨달았다

마치 거부당한 시들을 묶어 시집을 내는
얼치기 순수서정시인의 멍청함처럼
너에 대한 마음을 이제 와 이어 붙여
무엇하겠는가 떠나보내는 것은 어렵고

〈
고통스러워도 슬기로운 선택임이
이토록 분명한 순간에

투사

삶의 선택들,
숲의 갈라진 길은 되돌아 걸어가 볼 수 있지만
선택의 순간으로 돌아가는 일은
불가능하며 상상의 유희일 뿐이다

걸음은 멈추는 일 없었고
어디로 불완전하게 나아가야 하는지
감히 묻지도 못했고
하나둘 그저 비밀에 부치고 걸어간다

인생의 숲을 산책하는
그 법칙은 후회의 연속이지만
멈춰서면 쓰러지는 하루하루를
짊어진 어깨 너머의 무게를 느끼며
묵묵히 분투한다

고백

마음의 물 위에 그어진 십자가
헛된 고백은 고독하고 외로운 밤의 심장을 쓰다듬고
그대는 동화 속 세상의 사람 같습니다
밤은 차고 쓸쓸하고 높으며

내 심장은 깨끗하게 비어 공허하기만 합니다
헛된 고백은 고독하고 외로운 밤의 심장을 쓰다듬고
멀고 먼 나라로 나의 발걸음 옮겨가
동화 속 사막의 사람들 만나고 싶습니다

마음의 물결이 부서지면 그 위로는 별빛과 은하수
헛된 고백은 고독하고 외로운 밤의 심장을 쓰다듬고
사막에 별이 뜨는 이유며, 은하수가 펼쳐진 까닭
동화 속 사람들은 나에게 설명합니다

자꾸 밤하늘을 올려다보는 것 보니
사막을 배회하는 청년은
그리워하는 것이 많은 사람 같다고

우아한 눈을 들어 올리다

약동하는 의지가 규칙적인 심장 고동으로
그대 귓전에 드리울 무렵
그대의 우아한 눈을 들어 올려라

부드러운 밤을 지나
넘실대는 어두운 파도를 건너
별들이 뜨는 곳

그 동쪽 하늘 아래
미래의 날은 곤히 잠에 빠져 있고
장밋빛 희망으로 부풀어 오르리라

그대의 눈앞으로 별들이 흐른다
얼어붙은 새벽의 가을낙엽을 보라
그 낙엽에 반사된 첫 햇살은 얼마나 예뻤던가

부푼 장밋빛 희망으로 산책하라
아직 그대가 걸어 나갈 수 있을 때
그런 긍정과 힘이 한때의

연약한 마음을 지탱해 주었다면

약동하는 의지가 가라앉은 심장 고동으로
그대 귓전에 들려오면
그대의 우아한 눈을 조심스레 들어 올려라

놓아주는 연습

지난밤 꿈에 정신적 문제가 있는 친구가 나왔다
저 바깥에 우리에게 슬픈 자유가 기다렸다

그러나 친구는
사라져버리는 것이다
친구의 손을 붙잡고 끌어갈 힘이 나에게 없다
하나의 인생은 두 팔로 끌어안기
무거운 것이다

친구는 이 세상에 살기 위하여
가두어진 쓸쓸한 그의 알, 그의 닫힌 세계에서 분투한다

나 역시 이 세상에 살기 위하여
친구를 붙잡고 버티다가
손끝에 힘이 풀리자, 겁을 내 냅다 손을 놓고
도망쳐 버리는 것이다

한 번이라도 뒤를 돌아보면 망설일까 두려워

미친 듯이 달려 나간다 슬픈 자유가 우리를 부르는 곳을 향해
 나는 미친 듯이 어둠을 달렸다
 오늘을 붙잡기 위해, 당신도 손에 쥔 것을 포기해야 한다
 그러나 소중했던 것들이 의문으로 남겨지는 것이다

사슴

나의 마음의 밤하늘에는 별이 흐르고
쏟아지는 별은 나의 시선을 빼앗아
한때의 추억에 잠기게 만듭니다

밤의 이름은 차갑고 아름다운 진주보석
영롱하고 흰 아름다움이
나를 규정합니다

내 마음의 바다에는 차가운 별과 모래와
시와 진주와 사슴이 있습니다

2부

포플러

소중함

처분을 내리실 때는 상냥하게 이야기해 주십시오
그 마지막 상냥함을 내가 소중히 간직할 수 있도록

삶이라는 교도소에 그대 없이 가두어지는 형벌은
사형만큼이나 무서운 중벌입니다

젊음은 사랑이라는 감옥에 가두어져
서럽게 울다 그만 눈물이 되어 흩어져 버립니다

봄이 되면 나의 눈물은 꽃이 되어 피어나고
알록달록한 꽃밭 위로 산새가 울 것입니다

미적 선물

밤새들이 지저귀는 밤길에는
숭고한 것이,
나의 부족한 철학에는 아직 알려지지 않았고
앞으로 미래에 다가올 것이
자신도 알지 못하는 순간을 기다리고 있다

밤이 깊어 오면 지상과 하늘과 별과 바람이 선명한 까닭을
나는 물은 적 있다
그것은 알지 못할 운명은 흐리고 위협적이므로
우리의 눈에 귀에 그리고 인지 범위에 닿는 것들만큼은
선명해도 좋기 때문이었다

자 들어보라 밤새의 울음에는
선명한 더블베이스와 바이올린과
플루트와 클라리넷이 있다
화음과 침묵과 지휘자의 지휘가 선명하다

〈
그처럼 알지 못하는 치명적 운명과
아마도 불행의 그림자가 드리워진 미래의 날들이
언제로부터 다가오는지 알지 못하는 가련한 삶,

지상과 하늘에 흐르는 별과 바람이 선명한 까닭이다
그것은 우리를 위한 사려 깊은 미적 선물이다

다시, 포플러

포플러 나무 밑으로
따스한 봄이 소리치면
내 마음 희망으로 미어터질 것 같아

지난봄과 변함없는
호숫가 나무 아래
봄이 나를 향해 손짓해 부르면
내 가슴 희망으로 미어터질 것 같은데

살포시 녹아 흐른 내 옛 추억은
이다지도 슬플까

포플러 나무 아래
변함없이 따스한 봄이 귀에 속삭이면

삶의 무대는 이런 느리고 우아하고 가벼운
심술궂은 농담으로 구성되어서

사슴 브로치와 소녀

금빛 브로치를 단 소녀
공허하게 반짝이는 뿔 달린 사슴 문양
사슴은 무엇이 슬픈지 으슥한 숲속을 홀로 거닐며
익숙하지만 이름 모르는 꽃과 풀을
크고 둥근 눈망울에 담는다

소녀는 푸른 원피스를 입고
원피스 자락은 춤추듯 하늘거리며
시집을 가방에서 꺼내다
한 줄도 읽지 않고 도로 담기를 반복한다

그 소녀가 찾는 풀꽃이 얼마나 아름다운지
그 화사한 꽃을 본 기억이 그녀에게는 생생하다
마치 어제 마주친 듯이
그러나 그 파란 꽃은
나는 알지 못하는 텅 빈 밤으로부터
그녀에게 다가온 환각이다

고해

밤,
머리에서 속삭이는 듯한
온화하고 정겨운 물 향기
파도의 성스러운 속삭임
반가운 바다의 향기 흐르고
나는 생각한다

내가 놓쳐 버린 기회들과
좀 더 다정할 수 있었던 순간들과
사려 깊게 주위를 사랑할 수 있었던 때들을
나는 생각한다
차분히, 춥지도 덥지도 않은, 별 하나
뜨지 않은 하늘 아래
가야 할 방향을 모른 채로
하나의 선명한 계절이 마치면
삶의 기억과 추억과 역사도
끝내 지워지고 마는 것이다
별들은 계절의 막바지에 이르러 떠나기로 하고
새롭게 피어나는 꽃들에

그 자리를 양보한다

파도가 바다의 가장자리에서 휴식을 구하면
그 마지막 몸짓을 말없이 대지가 받아들이듯

예술

아무 희망도 가망도 없는
감정 소모적 일상이 이어집니다
세상에는 죽음처럼 힘든 것이 있다는데
오만하게도 그 말을 실감하지 못했습니다

그러나 얼마나 지나친 자만이며
어리석음이었는지 깨달았습니다
감정에 사형선고가 내려졌습니다

빈 테이블 앞에 앉아서
오랜 시간 놓아주려 애써본 희망
그러나 나의 노력은 헛되며

죽음처럼 차분하게
그대의 존경할 만한 부분들을 세밀히 기억해 나갑니다

창백한 얼굴로 이별을 통보하려 했으나
그건 스스로에 대한 어리석은 사형선고일 뿐이었습니다

이만큼 누군가를 아끼고 사랑한 적은
전에 없었고 앞으로도 없을 것이며
나는 죽음보다 차분하게
그대의 존경할 만한 부분들을 상기하고
되돌아보면 물때 낀 거울에 비친 나의 형상은 흉측합니다
오늘 오후, 나는 말을 타고 지친 체로키 인디언을 표현한
예술작품을 오래도록 응시하고 있었습니다

인형극

눈물은 은빛으로 반짝이며 춤추는
발레리나로 변해 밤의 하늘을 수놓고
예쁜 환영으로 나는 그대를 떠올립니다

나는 나의 가슴을 열어 그 안에 자리한
정교한 인형들의 춤을,
사랑스럽고 아기자기한 인형극을
세상에서 가장 반짝이는 이야기들을
들려드리고 싶습니다
그러나 아이들이 미소 짓기 전에 해는 저물고
별들은 반짝이기 전에 시들며
호수는 겨울에 얼어붙습니다

그 마음속 인형들에게는 이름이 있고
기쁨과 아픔과 질투가 있습니다
눈물은 은빛으로 반짝이며 춤추고
인형들은 복잡하고 정교한 소꿉장난을 닮아
이제 막을 올리라는,
그대의 지시를 기다립니다

친절

그동안 나는 너무 오래 껍질에 갇혀 살았습니다
감춤 없고 진실하게
삶과 타인을 마주하는 법을 배우지 못한 것입니다

나는 누구의 눈빛도 외면하지 않습니다
눈빛은 맑고 투명하고
거리를 걷는 사람들의 웃음은 예쁩니다

아침에 문을 열고 나오면
가을날의 햇살은 얼마나 아름답게 반짝이던지
세상은 작은 환호성으로 나를 반기고
나는 가벼운 탄성을 터뜨립니다

10월의 순례

당신은 나에게 찾을 수 없는 것을 선물했습니다
그리고 나에게 마음껏 찾아가라고 요청합니다

나는 오솔길과 밤이 내려앉은 골목들을
이름 없는 거리를, 10월의 날들을 다 헤매고 다녔고
어디에도 도착하지 못했습니다

나의 마음은 원 없이 방랑하며
지쳐 활기를 잃었고, 삶의 때가 묻어 어둡습니다

나는 나의 10월의 날들을 다 허비하고 다녔고
약속된 것 어느 하나도 찾지 못했습니다
그러나 무엇 하나 원망하지 못합니다

당신이 다시 찾을 수 없는 것을 찾도록 나를 밀어내면
이름 없는 거리에 내가 붙인 이름들이며
거리에 피었던 꽃과 휘어진 나무들
내가 만난 상냥한 사람들에 대해서
나는 아름다운 시들로 풀어 설명해 드리겠습니다

〈
그러고 나의 설명이 끝나,
가야 되는 때가 오면 묵묵히
찾을 수 없는 것을 찾는
10월의 순례를 떠날 것입니다

겨울이 깊어갈 때

영원히 설레며
영원히 순수한 사건들이
우리의 기억 속에 각기 나누어져
닮았지만 다른 모습으로
간직되는 경이로움이
믿기지 않습니다
기억에 남을 사랑이여
죽어버린 오후의 시계를 들여다보는
소심하고 찌질한 청년 시인으로
나는 이야기하려 합니다

시들어 가는 태양
한라산에 많은 차가운 눈이 내린 날
대설주의보 동보메시지가 오고

내가 후회하는 단 한 가지는
당신을 좀 더 일찍,
-이를테면 6년 전 즈음에
알지 못했다는 것

만나지 못했다는 사실뿐입니다

하지만 시간이 이미 많이 흘렀고
당신과 나는
다시 보아도 이룰 수 있는 것도
함께 해낼 수 있는 것도 없습니다

되돌아보는 것은 무의미하고
각자의 인생을 살아갈 것입니다
영원히 설레며
영원히 순수한 예쁜 시간이
우리 각자의 기억 속에 나누어져

사랑의 말

품속에 너를 사랑하는 마음을
채워 넣으려 했고
그 마음을 담아내기에
못된 마음은 좁았고
상처 입었던 과거는 두려웠다

그렇게 하고 싶었던 말의
채 반도 꺼내놓지 못한 채
조심히 들어가라는 인사를 하고
돌아서면서 느끼는
그 채울 수 없는 허전한 심장

어쩌면 나는 못다 한 말을 다 꺼내고
못다 한 사랑의 마음을 다 전하고
그리고 기쁘게 죽음을 마주할지 모른다
그것이 나의 운명이라면
행복이라고 본다

별빛 아래

너의 자비에 살고 너의 품에 안겨
그만 더는 바랄 소원 하나 없이 죽는다면
너의 미소에 살고 너의 품에 안겨
더 바랄 수 없는 기쁨에 겨워 숨 쉬면

고요히 채 반도 꺼내지 못한 진심을
아직 못다 한 말을 그저 삼키고
밤의 채울 수 없는 허전함

차가운 등불

설명하기 어려울 정도의 쓰라림
밤의 불빛 앞에서
붉은 차량의 후미등
또는 가로등의 눈부신 LED 조명 밑에
그윽하니 고독하게 남겨진 마음

설명하기 어려운 비틀려 끊어지는
심장의 약한 힘줄

라디오에서 바흐의 선율에 따라
기타를 켤 때
심장도 함께 비틀리니
끝 모를 추락과 공포
왜 떨고 있나 혼자서

돌아서면 새파란 입술로
떨고 마는 이 추위
사랑하는 그녀 이제 간 곳 없어
라디오에서 바흐의 선율에 따라

기타를 쳐
정겨운 그리움 불러일으킬 때
설명하기 어려울 정도의 마음

보고 싶음

언제나의 고고함과 아름다움으로
떠나기

네가 떠날 때
나의 웃음 짓는 입매를 보며
나의 서글픈 눈빛은 보지 말기

네가 떠날 때
평상시와 같은 우아함
평소와 같은 예쁨으로 떠나기

네가 떠날 때
나 또한 너의 웃음소리만 알아채고
너의 서글픈 마음은 알지 말기

절대로 눈에 담거나
떠올리거나, 비참한 표정으로
아무도 없는 골목길을 돌아보지 않기
재회에 대한 예언에
귀담지 않기

그림자

마음에 드리운 묵묵함
어디로 향하고 있나
그만 추위에 새파랗게 질린 궁금함에
먹먹해지는 파란 풍경을
조금씩 삶을 할애하며 살펴본다

이제 비어버린 나의 옆에서
너는 잔인한 즐거움으로
나를 희롱하고 버렸다
그럼에도 어리석지만, 나는
내심 네가 떠나가던 날
말해줬기를 바랐다
나의 마지막 선물을 좋아했다고

어느 날 라일락이 피어나

우리의 눈빛과 말은 행동과
입술은 싸늘한 무관심을 표하고
서로의 피부에 머무는 감정은
사소한 미움과 오해이지만

하나 결국 우리 가슴 깊이
추억의 광경 한가운데
우아함이나 상냥함처럼
눈 시린 반짝이는 온기를 품는 것들만
이상하리만치 궁금하게
새겨지는 것이다

3부

푸른 꽃

내 옅은 우수

삶은 친절하지 않았고,
나에게 불가능한 것을 요구하였고
나는 최선을 다해 대하다가
그리고 우아하게 실패했다

어쩐 일인지
환희처럼 빛나는 밤거리의 하얀 빛들
나의 실패를 축하하는 축제일까

눈물에 젖어 고개 들면
나를 남겨두고
어디론가 분주하게 행진하는 저녁
우수의 다문 입술은, 얼굴은 왜 이다지도 창백할까

조용하게 내적으로 불타는
고뇌와 슬픈 듯 슬프지 않은 듯
옅은 우수

알코올 의존증

아버지의 입에선 분변의 향이 났다
아버지의 눈빛은 고양이의 호박빛
아버지의 오른쪽 가슴에는 자갈이 들어 있어
움직일 때면 달그락달그락 자갈 소리를 낸다

아버지는 크게 웃으며, 내가 죽겠다는데 무슨 상관이냐며
술 두 병만 사 오란다
소주 삼 분의 일 병이면 되니 다락을 뒤져보라 한다

아버지의 배나 식도에는 거미줄처럼 파아란 그림이 생기고
아버지의 손목은 억제대를 끊느라 피가 나고
아버지의 상처는 좀처럼 피가 멎지 않았다

나는 말한다
산다는 것이 이렇게 힘든 줄 알았다면
태어나지 말 걸 그랬습니다

〈
아버지가 웃는다
그러게 아들아, 절주가 이렇게 힘들 줄 몰랐다
여기 아버지 카드 들고 막걸리 두 병을 사 와다오

할머니께서 돌아가시고 아버지 본인이 얼마나
힘들어했는지 기억하십시오
왜 같은 멍에를 씌우려 하십니까?

아버지가 웃는다
내가 죽겠다는데 네가 뭔 상관이냐?
나가서 술을 사 오거라,
환자복 입고 가니 안 팔더구나

5분

골목길을 뒹구는 바스러지는 낙엽들
아프신 아버지,
병원에 모셔가라고 청하는 어머니
연가를 쓰지 못해서 출근하는 나
어머니와 동생에게 아버지를 부탁하고
처량하게 겨울 길을 걷는데

나는 누구로부터 무엇으로부터 도망치는 걸까
나는 죄책감에 쓰려 하며 무엇을 목표로 걷는 걸까
글을 씀으로써 조금이나마
죄책감을 덜려는 간사함

직장에 도착하면
부서 선임들에게
치이고 이유 없는 면박도 내면으로 삼킨다

그러나 나는 나의 가족에게,
그리고 내가 사랑하는 이에게
내가 아끼는 친구들에게

한 번 더 웃어주고 한 번 더 말을 걸고
한 번 더 작지만 순수한 친절, 5분의 상냥함을
베풀어야 했을 것이다

골목길을 뒹구는 바스러지는 낙엽들
아프신 아버지,
병원에 모셔가라고 청하는 어머니

푸른 꽃

잠결에 들은 예쁜 노래와
잠결에 잊어버린 시적인 단상

잠결에 놓쳐버린 동화의 나라,
일곱 난쟁이와 백설 공주가 산다는 곳의 주소

부드러운 꿈은 내 곁을 떠나고,
나는 부드러운 꿈을 잊어버렸다

잠결에 들은 아름다운 노래와
잠결에 잊어버린 소설의 단서

잠결에 놓아버린 동화나라의 초대장
신데렐라가 투명한 구두를 두고 왔다는 궁전의 약도

어제 잠깐 피었다 오늘 져버린
아름다운 푸른 팬지의 쓸쓸한 다정함

더 이상 동화 속 나라의 초대장은 도착하지 않고
나는 어른이 되었다

까마귀 떼

무엇을 찾고 있느냐
나의 마음을 파먹는 고통을

그리고 나는, 홀로 외롭게 추위에 떨며
가을이 온 벤치에 앉아
사라져가는 것들에게 이름을 붙이는 데
나의 시간과 정신을 할애한다

어쩌면 머리 위를 맴도는 너희가 찾고 있는
삶의 잔해가
나인지도 모른다고 직감하며

별들은 얼마나 애잔하고 쓸쓸하게 빛나는가

나의 마음은 속이 깊게 패어 있다
눈이 그친 겨울밤처럼

1월이면 나의 곱게 풍화된 걱정도
1월에 불려가 버리지만

별들은 얼마나 애잔하고 쓸쓸하게 빛나는가
생강이며 겨자 소스를 가미한
비싼 일식집의 회를 앞에 두고도 입맛은 죽었고
깊은 밤 지치다 지쳐 토악질했다

무엇에 지친 지 알 수 없지만, 별이 반짝이고
뺨이 얼어붙은 1월은 나 어린 학생 시절처럼
밤거리를 무작정 걸으며 초조해하게 한다
무엇이 초조한 건지도 모른 채

걱정할 것을 만들고라도 싶어 가로등 밑 그림자들처럼
재빠르게 골목으로 사라져 보고, 머릿속으로

성실한 고고학자가 체로 흙을 거르듯
옛 추억 가운데 걱정거리를 발굴하며

눈이 그친 겨울밤 마음이
깊게 패어 있다
이 모든 세상과 삶을 나는 도저히 알아갈 수 없다
언제 고장 났는지 알 수 없는
먹통이 된 구형 핸드폰처럼
그러나 별들은 얼마나 애잔하고 쓸쓸하게 빛나는가

탕아의 역정

아버지, 어머니
탕아는 스스로가 자초한 죽음에 이르게 되었습니다
저의 선택의 결과이며 후회는 막심하지만
저는 결과를 받아들여 먼저 떠나갑니다
저의 형제와 자매들 부탁하며
늙으신 아버지에게 이런 짐을 지워 부당하지만
앞으로도 우리 가족을 부탁드립니다

그러자 아버지가 말했다
-나는 너를 용서한다
-걱정하지 말고 넓고 편한 길로 떠나라

아버지, 아버지
저의 등불은 희미해져 가며
차가운 눈보라가 눈앞에 흩날립니다
어머니, 어머니의 베개를 눈물로 적시지 마십시오
이처럼 아름다운 것과 아직 발견하지 못한
꿈과 동화의
책장을 넘겨 세상에 읽어주지 못하고

언제고 저의 자식들과 자식들의
자식들과 그 손자 손녀에게도
들려주고 싶었던 이야기도
함께 가져갑니다

수장 水葬

나의 마음은 차갑게 죽어버렸다
물은 말한다

세상은 선한 의도를 가진 그를 박해했다고
물은 생각한다

물은 또한 지킬 수 없는 약속을
자기 자신과 주위 사람들에게 남용하였다

삶을 더 쉽게, 덜 복잡하게 만들어 본
전례가 물에는 없다
물은 지친 눈빛으로 삶을 대했다

어쩌다 이런 지경에 이르렀는지 알 수 없다고,
삶은 전에 들어본 적 없는 비명으로 소리쳤다

소름끼치는 비명이 그치자, 살아가는 것에 대한 냉혹한
책임감이 엄습했다
고요함은 비명보다 두려웠다

마음

어느 날 창구에 앉아서,
악담을 퍼붓는
치매에 걸린 할아버지 곁에
눈물짓는 할머니를 보니
가슴 찢어지듯 아프다

자신의 마음을 다스릴 방법은
많지 않다 인생의 불행은 거기서 시작된다

그리고 삶은 여느 날과 같은
난해함으로 내 앞에 펼쳐지고
나의 최선은 그저 나의 부족한
지혜와 체력으로 극복하기
불가능한 사건들이 나타남을
인정하는 것이다

시베리안 허스키

내면을 바라보는 눈길
순수한 섬세함, 순진한 믿음
기쁨의 언어, 밤의 물소리

소년 시절 들었던
눈 내리는 날 신난, 이해할 수 없던
허스키의 짖음 소리

그 어린 날, 잔잔하게 나의 방 창문을 덮었던
포근한 솜이불을 닮은 눈

소년 시절 들었던
눈 내리는 날, 이해할 수 없던
털갈이한 허스키의 흥겨운 뛰어다니는 소리

세상에 내리는 축복, 화해의 손길
영원한 자유에 대한
불안하고 순수한 갈망

〈
이제 죽은 허스키
어디에 묻혀 있나

그의 짖음, 나의 꿈에만 찾아올 뿐

용기

우리가 목매어 기다리는 것은
계산된 달콤함이다

도구는 그 도구의 사용자보다 비대해지고
목적은 그 목적의 대상과 주체보다 소중해진다

귀 기울여 듣지 않으면
목적으로 나아가는 동안
주위 사람들이 지르는
고통스러운 비명은
들리지 않는 법이며
우리는 우리의 이상을 지키기 위한
울타리 속에
자신만의 왕국을 건설하여
완고하게 교역을 거부하고
자기만족으로 웃음 짓는다
그러나 그 눈, 허무하게 빛나고
어느 어두운 밤 타오르는 촛불 앞에
혼자된 자신의

왜소한 현실을 마주한다

도구는 사용자보다 비대해지고
외로움은 깨달으면 이미 늦고
스스로 자기만의 작은 왕국,
자기만족의 울타리를 깨고
나서는 용기는
잃어버리기 쉽다

가다

시들어가는 난초잎
너는 아픈 우리 아버지의 얼굴빛을
닮았구나
삶은 커다란 슬픈 농담이다

인생은 너무 오래 남용되어 왔다
나는 어느덧 아버지처럼 주름지는
나의 얼굴을, 한 마디 예고도 없이
물때 낀 유리창 너머 발견한다

어쩌면 그 예고는 여러 차례
내가 볼 수 있었으나 무심하게
지나쳐 온 곳에 몇 번이나
—외할머니의 장례식이나
친구들의 결혼, 할아버지의 폐렴이라던가—
게시되었으나 알아차리지 못한 것일 수 있다

그리고 우리들은 마치 길 잃은 별들처럼 무리 지어 어디론가
 어디론가 이주한다

상실

참을 수 없는 상실감이
나의 발걸음을 멎게 하였고

무엇이라 설명해야 하는지 나는 알 수 없습니다
나는 처음으로 해변이 텅 비어 있음을 깨닫습니다

왜 내가 배회하는지 알 수 없습니다
나는 알 수 없는 물음을 오래도록 끌어안고
바닷가에 서 있습니다

추억은 머무릅니다
내 기억 속에 그토록 우아하고 차분한 모습으로

아버지

오래된 낡은 나무책상을 긁는 소리
마치 내 마음이 우는 소리 같아
손톱으로 쓸어내렸다가
눈물이 차오르자
화들짝 놀라 멈춘다
그 옛날 치매 걸리시기 전
아버지가 구해다 준 내 낡은 책상

4부

청수국

이 마음은 1

동틀 무렵까지 잠을 이루지 못하고
나는 갑판 위로 나온다

시간아, 멈추어라
나는 시인처럼 비명을 내질렀다
내 마음속에 품었던 수국이여
시들어라! 두 번 다시 꽃피우지 말지어다!

나는 열에 들떠
식은땀을 흘리며 휴식하지 못하고
초조하게 갑판을 배회한다

아니다 시들지 마라,
제발 내 곁에 있어 다오 여름의 수국이여
나 너의 향기와 웃음을 닮은 은총 가운데
얼마나 행복했던가
그녀가 좋아하는 꽃

이 마음은 2

창백한 입술과 겹치는 애타는 고해
안개 너머 먼 바다로 나가는 배
나는 두려움 없이 파도를 껴안고
닻을 끌어올리고, 돛을 펼친다
다가오는 폭풍우에 대한 경고
예보를 비웃는 선원의 호탕한 미소

나는 선원처럼 기꺼이 나가리라
다가오는 확실한 파멸을 향해
창백한 입술과 겹치는 달콤한 거짓말
섣부른 신뢰를 부르짖던 잔잔한 물결
나의 배는 뭍이 보이지 않는
멀고 푸른 바다를 갈구한다
너른 바다에 무엇이 있을까

가야만 해요
그렇지만 어디로 가야 하나요?

너는 알까

바다 너머에 있다는
약속의 땅은 허상이겠지만
그러나 배를 띄우지 않을 수 없는 이 마음을
나는 몇 번이나 너에게만 표현해 볼까 하다 그만두
었다

이 마음은 3

알겠는가 설명하고 싶지만 설명할 수 없는 이 마음을
이 얼마나 쉽게 설탕처럼 부서져 버리는 마음인가

세상에는 아름다운 것들이 많지만
내가 보았던 가장 아름다운 것에 대해
나는 쉽게 설명하지 못한다

그날은 안개비 내리는 저녁이었고,
평범한 귀갓길이었으며
너는 나에게 애인이 없다고 말했다

바래다주는 한 시간 동안 걸으며
나는 웃는 얼굴로 얼마나 많은 생각을 했는지
그리고 태연한 척하느라 얼마나 고민했는지

만약 그랬다면, 내가 감춰둔 마음을 꺼냈다면
곧 온 하늘이 황금빛 붉음으로 물들어 버렸을 테니까

고요함만 내 곁에 머무를 때

나는 가끔 그 특별하지 않은 시간을 되돌아본다
금세 시들어 사라져버릴 소심한 소원과 함께

이 마음은 4

기쁨을 여의고 나면,
이제 어느 바닷가에서 나는 너의 웃음소리와 같은
과분한 은혜를 듣고
영원하며 엄숙한 기쁨에 몸을 맡길 것인가
부드럽게 살랑이는 바다의 물살과 날아드는 철새들

사락, 넘기면서 설렘을 느끼던 시집의 책장,
언제나 사랑의 고백을 고민하며
완성해갔던 단순하고 순진무구하던 시편들
그처럼 솔직한 사랑은 이제 느낄 수 없으리
너에게 바치던 꾸밈없는 글자들

어느 바다에 몸을 맡길 것인가
버려진 사랑의 시를 앞에 두고, 그 슬픔에
나의 기쁨을 여의고 나면

나는 내 몸이 부서지는 자멸로부터 한 발짝 앞이다
닻을 올려 돛을 펼치고 나는 일어나 떠나가리라
폭풍이 우는 미지의 바다로,

그 바다는 너와 나의 추억이 서린
바다가 아닐지니

이 마음은 5

나의 사랑이 평범했던 까닭은
내가 평범한 사람이며, 하루하루 뜨고 지는
해처럼, 그리고 때가 되면 구름이 되었다
비가 되어 바다 위에 쏟아지는
물처럼 꾸준하고 예측 가능하게
그대를 사랑했기 때문입니다

사랑이 봄이 되면 새싹을 틔우고 여름에 꽃을 피우고
가을에 열매를 맺고, 겨울에는 내리는 눈에 덮여 잠들 것을
그대처럼 나도 예측할 수 있었습니다

번쩍이는 목걸이
열매를 닮은 귀고리
사랑의 땅에서 거두었지만
어째서인지 그대에게 주지 못했습니다

그리고 그
특별할 것이 없던 사랑이 이제 나의 내면에서

싹을 틔우고 무슨 두려운 충동을 깨우는지 보십시오

폭풍이 몰아치기를
물결은 두 번 다시 잔잔하지 말기를 나는 바랍니다

뱃머리에서 수평선을 보았습니다
흔하디흔한 아픈
알바트로스 한 마리 먼 하늘을 따라 날아갑니다

이 마음은 6

뱃머리에서 수평선을 살필 때면
곁을 날며 상냥한 친구가 되어주던

알바트로스는 죽음을 맞았다
우리 시대의 사치품인 낭만적 상상과 눈물은
그렇게 거추장스러운 잡물처럼
차도 위 아기고양이 시체처럼 마대자루에 담겨
치워진 것이다

알바트로스는 다가오는 암초를 경고했고,
나는 소리쳐 비웃었다

알바트로스가 내게 돌연 소리쳤다
청년이여, 우현! 우현을 보십시오 저기
소아 시절의 섬입니다!

그래 알바트로스야 그 섬은 낯익구나
그 섬에 나는 초등학생 시절의
꿈을 묻어두었지

그건 물리학자였단다 웃기지

알바트로스가 다시 곧 내게 소리쳤다
청년이여, 저기 좌현! 좌현을 보십시오
20대 시절의 섬입니다

그래 알바트로스야 나도 보이는구나
그 잔혹한 좌절의 섬이
나의 청년 시절의 애수를 그곳이 묻었지
내 청년 시절의 꿈은 문화인류학이었단다
꿈은 그곳에 고이 묻혀 있어 웃기지
그 숙면을 방해하지 말고
거침없이 앞으로 앞으로 진격하자

그런데 청년이여! 저 섬은 낯익습니다
아! 저긴 그녀 그녀의 섬입니다

두 번 다시 소리치지 말아라!
넌 자꾸 일깨우는구나 고통스럽게

내 가슴을
나는 그 섬에
나의 하찮은 목숨을 묻었지
예쁜 알바트로스야
나는 숨 쉬지만 살아 있지는 않아
몸을 떠난 내 영혼은 두 주머니에 손을 꽂고
겨울로부터 겨울로 우울하게 배회하였다
봄과 가을에 밀려오는
꽃향기와 나비를 찾아 헤매면서

슬픔이 나를 삼킨 뒤
내 마음이 삶의 기쁨을 여의고 난 후
그 사랑의 섬은 떠올리지 않았으면 했지

어느 틈에 알바트로스는 내 배를 떠나고
짜디짠 바닷물과 너울
푸른 바다 가운데,
오직 갈매기나 무풍지대의 고요와
대화하며

상처 입은 마음으로
나는 망망대해에 혼자였다

이 마음은 7

넘실대는 파도 속에
반짝이는 별을 본 듯하여 홀린 듯이
뱃전에서 몸을 쭉 빼 내려다보자
귀에 선명한 시커먼 물의 목소리

'아무것도 없습니다.
친구여 거기 아무것도 없습니다.'

믿었던 절친도 그대를 버리고
힘없는 해골로 돌아가는 삶
무슨 큰 소원을 빌었습니까
어리석은 선원이여

넘실대는 파도 앞에
나 어느새 울고 있었다
왜 눈물 흘리는지도 지각하지 못한 채

'정신 차리십시오. 친구여 정신 차리십시오.
아무것도 없습니다.

친구여 여기 아무것도 없습니다.'

사랑하던 여인이 그대를 잊고
물고기 밥으로 돌아가는 인생
무슨 헛된 꿈을 빌었습니까
어리석은 젊은이여

흑단 같은 해수면 밑으로 작고 규칙적인 푸른 반짝임
홀로 보니
이 무슨 요술일까
두 손으로 움켜잡고 싶어라

이 마음은 8

나는 때로 분노했으며
불화 속에 살기를 소망했습니다
타인과의 충돌만 내가 살아 있다고 느끼게 한 겁니다
주먹다짐이든 법정 공방이든 중상과 비방이든
뭐든 좋아했지요

그리고 나는 내가 받은 상처만큼 그녀와 그녀가
사랑하는 사람들, 그리고 나를 해친 사람들에게도
응당한 도덕적 책임이 있다는 헛된 몽상을 보았습니다

보복과 응징!
처벌과 정의!

표류하는 배의 갈증 가운데 눈물은 메마르고
울분은 안개비 사이로 잦아듭니다

그리고 나는
부질없는 눈물 흘려온 지난 시간으로부터
용서와 연민을 찾아내기를 기원합니다

이 마음은 9

나는 여름날 다가온 태풍의 폭우나 벼락보다
나를 힘들게 만드는 해결 불가능한
삶의 문제보다 강했다
그러나 너에게는 나약했고
차가운 경멸에 무너져내렸다

기억하건대 너와 만난 마지막 날이었고
내 차의 트렁크에는 전해주지 못한 꽃바구니가 담겨 있었다
분홍빛 장미와 안개꽃들

해가 떠올랐으면 한다
그 꽃다발의 서글픔이나 비 오는 날
벽에 걸어둔 메마른 꽃잎의 부스러짐
따위라던가, 제주에 싸늘하게 내리던 가을비라던가
돌아오는 도로에서 운전 중 울던 일이라던가
아무런 기억도 떠오르지 않을 때까지
나의 육신을 혹사할 수 있도록

아니라면 영원히 밤이 이어지면 한다
그렇다면 추억이라는 물감으로 그려진 달콤한
꿈속에서 너의 얼굴을 하염없이 볼 수 있을 것이다

오늘 밤, 바다에는 차가운 비가 온다
제주시에도 이 비가 내리는가
제주시에 내리는 빗소리도
이렇게 잔잔하고 반복적일 것인가

이 마음은 10

또다시 아름다운 꿈을 꾸었습니다
측량할 수 없이 넓은 식탁에 술과 불판
고기와 김치와 마늘을 늘어놓고 흥겨운
축제에 빠져 있었습니다

그건 누군가의 모임이었는데
물어보니 우리도 잘 아는 두 친구의 약혼 발표라고 합니다
약혼식은 끝도 없이 늘어진 친우들의 행렬로
그리고 눈이 부시도록 다양한 시계와 목걸이
귀고리, 반지, 파우치 따위로 빛을 냅니다

폰카의 플래시가 짐짓 눈부시게 터져 나옵니다
'인생실패자여, 보십시오.
이건 성공자들의 잔치입니다.
다시 말하자면 당신 같은 사람이 발을 내밀 곳이 아니란 겁니다.
그건 황혼 밑으로 부서진 파도입니다. 또 그건 파도 위로 부서진 황혼입니다.'

〈
대체 무슨 소리냐고 소리쳐 다그치려 하자
창백하리만치 푸른, 황산구리를 닮은
파란 수국꽃이 한가득 장식장에 널려 있고
입과 코가 저릴 만큼 짜고 비린 붉은 와인이
호수를 이루고 있습니다

나는 그제야 내 포크와 나이프에 묻은 것이
피라는 것을 알아차렸습니다
나는 주제파악을 하지 못한 겁니다
밖으로 아무도 몰래 도망치려 뒷걸음질 치자
친구들 틈에서 나온 그녀가 선뜻 나를 붙잡습니다

친구들은 나를 광인, 혹은 정신질환자라고 부릅니다
아우성인 친구들 가운데
 나는 마지막으로 희망을 가지고 그녀를 쳐다보았습니다

 그녀는 나의 손을 마주잡더니 손수 찢어버린

그녀와 나의 추억을 건네줍니다
아! 나의 시들, 정답고 솜씨 없던
내 편지들입니다

그녀와 나 사이에 있었던 둘 사이의 약속은
이제 없던 것으로 하자고 합니다

눈에서는 눈물이 흐르고
나는 추락해 갑니다
나는 무엇이든 해야 했지만 하지 못했습니다
이 마음은 무엇일까
설명하고 싶어도 설명할 수 없는 이 마음은

이 마음은 11

지인들의 비난은 정당합니다
나는 이제 용기를 내어 설명해보려 합니다
나의 이십 대를 괴롭힌 죄책감의 근원을

그렇지 않으면 시를 읽는 이가
정당치 못한 비난으로 내 친구들과
그녀에게 못된 모욕을 던지고
더불어 나를 마냥 순수한 이로 오해할 테니

서정시를 쓰는
나는 순수하지 않습니다
오히려 애원하는 여인을 가멸차게 밀어내고
고통에 일그러진 표정을 보며 웃는
돈지오반니가 나입니다

그리고 그중 한 여인, 누구보다 다정했던 이는
거절의 충격에 교통사고를 당한 것입니다
갈비뼈가 폐를 찔러 의사들은 호스를 꼽아
폐에서 피를 뽑아내었습니다
그렇지 않으면 질식하기 때문입니다

나는 그 설명을 들을 때 시체처럼 창백해졌습니다
차라리 내가 다쳐 누워 있어야 한다고 생각했으며,
인간말종으로 추락하는 느낌이었습니다

나는 얼마나 몹쓸 놈인가요!
그녀는 자상하고 자애로운
천사였으며, 선한 사람 중에 선한 사람이었고
나는 그녀를 버릴 때 내면의 추악한 쾌감을 느꼈습니다

교통사고가 일어나기 전까지, 나는
나에게 향하는 손가락질에도 아랑곳하지 않았습니다
나에게는 진실한 다른 사랑하는 여인이 있었으니까요

내가 참회했는지
진실로 사람이 갱생할 수 있는 존재인지
나는 의문스럽습니다

깊어가는 밤 속으로
나는 서럽고 또 서럽게 울었습니다

이 마음은 12

바다 위로 내리는 장대비를 보았습니다
하지만 나의 눈이 어떻게 된 것일까요
빗살 너머로 어른거리는 저 검은 그림자
나는 피곤한 것입니다
이 먼 바다에는 나 혼자뿐인데

'저리로 가라 그리고 가서 죽으라
사랑하지 말지어다'

목소리 내어 말을 걸기까지 하는
악마의 얼굴이 못내 익숙합니다
나는 그를 안다고 생각됩니다
그 악마는 나입니다, 그러니 그럴 수밖에 없습니다

나는 저 먼 바다로 나의 악마와 함께 항해할
계획입니다

악마의 얼굴은 고결하고
미소는 온화하며, 다짐은 숭고하고

언어는 친절하며, 눈빛은 달콤합니다
이해할 수 없는 행복이 죽음의 바다를
가리키는 군요

'형제여 저리로 가라 그리고 가서 죽으라
다시는 돌아오지 마라 그녀를 찾지도 원하지도 마라'

가슴 찢어지도록
고통스럽습니다
아!
사랑하는 그녀와 이별해
이 먼 바다에는 나뿐이나
그럼에도 만족치 못한 심술궂은
해류는 멀리 더 멀리 나를 데려갑니다

이 마음은 13

무엇을 위한 삶인가
이만 버려도 좋을 것인가
나는 고민합니다

더 이 절대적인 침묵을 따라
항해할지 결정 내릴 순간입니다
젊음은 나에게 지속하라 명합니다
나는 노 젓는 사랑의 노예처럼
부실한 나의 체력이 받쳐주는 한
우직하게 항해합니다
용서는 바다보다 깊고
연민은 물보다 고요할 것을 명령하며
하나 폭풍이 다가옵니다

이제는 어떻게 할 것인가
진실한 사랑을 배운 방법은
좌절이었다고 그녀에게 고백하고 싶지만
설명할 수 없는 이 마음을

〈
- 그 무렵 밤하늘의 작은 별들은 참으로
잔인하게 반짝였지
하나 폭풍이 다가옵니다

생각해 보십시오
수학적인 계산입니다
세상은 지나치게 넓고 그대는 한 명입니다
짊어질 수 없는 끝을 모를 고독감과 공허
불안과 공포가
그대가 아닌 나머지였습니다
그러하니 연약한 제가 어찌했겠습니까

- 그 무렵 수국 꽃밭은 참으로 잔인하게
아름다운 희망을 속삭였어
하나 폭풍이 왔습니다

분노는 폭우가 쏟아지는 바다보다 조용할 것이며
고통은 내적으로 덧난 상처를 점점 키워갑니다

도움이 절실하지만, 손 뻗어 도와줄 이 없습니다

- 그 무렵 그녀의 눈빛은 저녁 해처럼
아름답게 어둠으로 나를 밀어 넣었다
폭풍이 나를 삼킵니다

배는 전복될 듯이 휘청거리고
죽음이 다가옵니다 이와 같이
나 오래도록 기다려, 나의 반려인
그 의심할 여지없이 고귀한 종막을 마주 보았습니다

- 그 무렵 밤하늘의 작은 별들은 참으로
잔인하게 반짝였지

이 마음은 14

초원에서 근심 없이 햇빛을 만끽하는
수선화와 프리지어는 사실
해결되지 못할 고통을 품고 있습니다
나는 그 사실을 압니다
현관문 앞에서 햇볕을 쬐며 근심 없이 낮잠을
자던 강아지도 사실
해결되지 못할 고통을 품고 있습니다

나는 그 사실을 압니다
근심 없이 해수면 밑을 빠르게
지나는 돌고래도 사실
해결할 수 없는 걱정을 안고 있습니다
자유가 불안의 근원이라는 지적은 옳을 것입니다
그들은 불안하며 그들은 자유롭습니다
불안이라는 꽃의 꽃말은 희망이기도 합니다

나는 그 사실을 압니다
나는 굶주림과 갈증에 익숙해졌습니다
사방이 물이지만 마실 물은 없습니다

뱃머리를 돌리기에는 이미 먼 길을 왔습니다
지쳐 있는 채로 나 이렇게 먼 길을 와 있습니다
하지만 사랑이여, 이제 태풍 가운데 저 먼 바다를 향해
더 멀리 떠나려 합니다

이 마음은 15

나의 가슴은 별 없는 밤처럼 비었습니다
무슨 염치로 그녀의 이름을 부를 것인가
나는 고민했습니다

점점 더 멀어져가는 우리 사이에서
나에게 그런 자격이 있을 것인가
휴대폰에서 오래전 번호를 지웠으며
나는 심지어 그녀의 사진도 내가 가지고 있을
자격이 없다고 여겨져 불태웠는데
그러나 여전히
그 마음은 꺼지지 않습니다

푸른 수국이 창백하고 아름답게
머릿속에 떠오를 때,
나는 비 내리는 갑판에 누워 고민합니다
비와 눈물과 그리움도 구분할 수 없이

이 마음은 16

나는 환각을 보았습니다
배고픔과 갈증 속에서

나의 마음은 저녁노을 속에
신뢰와 회복과 믿음을
도로 전해주었습니다
나와 그녀가 앉은 곳은
새들이 우는 잔디밭
그 위의 흰 테라스
끊이지 않는 대화,
불안감을 일으킬 정도의
연인과 함께 있다는 평화
나는 보이지 않더라도 느낄 수 있습니다
숨이 막히도록 아름다운 물결이
절벽 밑 바다에 펼쳐져 있어
물결은 실크스카프처럼 부서지는 것을
관계는 치유되며
나는 미래의 행복에 대한 믿음을
도로 찾습니다

곧 내 눈앞에서 흩어진 이 풍경 가운데
시간이 멈추어서
나는 언젠가 저녁노을 속에
신뢰와 믿음을
도로 발견할 수 있기를 기도합니다

그 달콤한 꿈은
실현 불가능하다는 비웃음으로,
나를 초조하게 만들 정도의 부조화로
지치고 눈먼 나를 조롱합니다

이 마음은 17

바다를 활공하는 늙은 알바트로스,
새하얀 구름 낀 하늘을 반사하는 물결을
뒤로하고 겁 없이 앞으로 나아간다
나는 그의 날갯짓을 닮고 싶었다

새는 날갯짓하고,
나는 돛을 펼쳐 해풍에 등 떠밀려
어째서 떠나가는지
설명하고 싶어도 설명할 수 없는 슬픈 마음
나는 한때 완벽한 아름다움 앞에서 기쁨의
눈물 흘린 적 있단다 - 아름다움은 잔인했어

그 사실만 위안 삼아
이제 돌아오지 못하는 길을 떠난다
떠난 이는 많으나 돌아온 이 하나 없다는 그 길로
알바트로스와 함께

해류에 밀려 실려 가면서
어째서 돌아설 수 없는지
설명하고 싶어도 도저히 설명할 수 없는
이 슬픈 마음

■□ 해설

삶과 사랑의 어떤 비극

최동문(시인)

   한진수 시인의 이번 시집을 관통하는 하나의 주제와 의식은 '젊은 날의 삶과 사랑'이다. 시인은 '시인의 말'에서 "사실보다 더 화려하거나 무게감 있어 보이게 기교를 쓴 부분이 없도록 노력하다 보니, 질박한 시집"이 되었다, 라고 말한 바 있다. 또 다른 곳에서 시인은 "대중적인 시 쓰기를 추구한다"라고 말하였다. 시인은 개인사에서 시의 소재를 찾아낸다. 한진수 시인은 대개 사랑하는 사람이나 이별한 이에 대한 시를 쓴다. 다른 한 편은 사회인으로서 자유에 대한 갈망으로 가득하다. 자유는 한진수 시인에게 "알바트로스"로 상징되기도 한다. 또한 가족, 특히 아버지에 대한 시에서는 아들로서의 고뇌가 숨어 있다.

1. 젊은 날의 사막

시인은 사랑에 대해 어떤 시선으로 다가가는가? 시인은 사랑을 정신적인 사랑이나 친구 사이의 우정이 아닌 이성에 대한 사랑을 중심에 두고 있다. 그런 사랑을 시인은 순수하게 추구한다. 사랑은 깨어지기 쉬운 유리잔과 같으며 시인은 많은 시편에서 사랑이 가진 절망과 불행을 노래한다. 시인에게 사랑은 변하지 않는 것이 아니다. 사랑은 변한다. 이 시집의 첫 시 「아름다운 날들로 장식된 사랑」은 이 시집에서 말하고자 하는 사랑에 대한 태도를 한 번에 나타내고 있다.

> 아름다운 날들로 장식된
> 너의 미소는 나의 심장에 꽂힌 창
>
> 너는 내 마음의 폭군이었고,
> 나는 그만 너를 잊을 때가 왔음을 깨달았지만
> 나는 내 심장에 꽂힌 그 창을
> 뽑을 용기가 없습니다
>
> - 「아름다운 날들로 장식된 사랑」 전문

용기가 사랑을 이길 수 없음을 알게 된다. 사랑의 늪에 빠진 화자는 방황하면서도 슬픔의 이유를 모른다. "나는 나의 슬픔을 알지 못"한다. 시인은 순수나 소박과 일상을 아낀다. 그 속에서 어렵고 고통 가득한 삶의 어려움을 고백한다. "한때는 사랑했던 이에게 냉정한 이별사만 남기는" 것이 현실이다. 이해할 수 없는 삶의 아련함이다. 사랑은 시간을 갉아먹는 부정적인 의미로 드러난다. 그 극복으로 권태를 택하기도 한다.

　불안과 자유는 시인의 내면에 교차하는 개념이다. "진실한 미안함과 용서가 없으니" "그저 퇴색된 의미만을 남긴다". 절망과 가난한 삶은 어둠과 밤의 이미지를 만들어낸다. 자기 파괴적이다. 그러나 사랑하는 대상이 있어 "그것은 유일한 안식과 위로다". 그러다가도 이별이라는 선택을 강요받기도 한다. 절망이다. 절망은 절망으로 끝나지 않고 삶을 치열하게 살도록 유도한다.

　이러한 긍정적 결론은 시의 말미 여러 곳에 나타난다. 상상의 세계인 동화 속 나라로 도망가기도 한다. 그런 심장은 공허하다. 다행인 것은 밤이 있으나 그곳에는 별이 있고, 모래와 시와 진주와 흰 사슴과 장밋빛 희망이 있다. 사랑하는 대상을 포기하고 그런 연습을 통해서 세계에 맞선 자아를 찾는다.

2. 그대라는 포플러

　사랑은 인류의 중요한 화두 중의 하나였다. 이성애! 그것은 감정을 모태로 남녀노소를 넘나들며 어느 세대, 어느 곳에서나 자리 잡고 있었다. 삶 속에 속한 사랑은 시인의 삶을 뒤흔들어놓는다. "삶이라는 교도소에 그대 없이 가두어지는 형벌은 / 사형만큼이나 무서운 중벌"이다.

　시인은 삶에 갇힌 영혼을 인간으로 파악하고 있다. 그리고 "젊음은 사랑이라는 감옥에 가두어져 / 서럽게 울다 그만 눈물이 되어 흩어져 버"린다. 삶이 고통의 바다라면 사랑은 시련이다. 그러나 시인은 여기에서 머무르지 않는다. "봄이 되면 나의 눈물은 꽃이 되어 피어나고 / 알록달록한 꽃밭 위로 산새가 울 것"이라고 한다. 외로운 승화의 과정이다.

　"치명적 운명과" "불행의 그림자가 드리워진 미래의 날들이" 시인 앞에 다가온다. "가련한 삶"이다. 이런 상황에서는 자연만이 온전하다. 시인이 순수하다고 믿는 지상의 존재는 "하늘에 흐르는 별과 바람이"다. "미적 선물"인 것이다. 그대라는 포플러는 지나간 추억이며 슬픈 사랑이다.

　　금빛 브로치를 단 소녀

공허하게 반짝이는 뿔 달린 사슴 문양
사슴은 무엇이 슬픈지 으슥한 숲속을 홀로 거닐며
익숙하지만 이름 모르는 꽃과 풀을
크고 둥근 눈망울에 담는다

소녀는 푸른 원피스를 입고
원피스 자락은 춤추듯 하늘거리며
시집을 가방에서 꺼내다
한 줄도 읽지 않고 도로 담기를 반복한다

그 소녀가 찾는 풀꽃이 얼마나 아름다운지
그 화사한 꽃을 본 기억이 그녀에게는 생생하다
마치 어제 마주친 듯이
그러나 그 파란 꽃은
나는 알지 못하는 텅 빈 밤으로부터
그녀에게 다가온 환각이다

– 「사슴 브로치와 소녀」 전문

 이 시집의 제목이기도 한 이 시는 자연 속에서 볼 수 있는 소녀의 이야기다. 동화적 상상이 보인다. "파란 꽃"과 "밤"의 이미지는 우리를 우울과 환각의 세계로 인도한다.

소녀가 시집의 시를 읽지 못하는 것은 시인이 쓴 자신의 시에 대한 불확실한 믿음에 대한 태도일 수도 있다.

시인은 "생각한다". 그러나 이성적인 생각은 삶의 허망함으로 끝난다. 시인은 계속해서 자연에서 이상적인 세계를 발견한다. "온화하고 정겨운 물 향기"와 "파도의 성스러운 속삭임" 그리고 "반가운 바다의 향기 흐르"는 곳에서 정서적인 안정을 찾는다. 이것은 생각하는 인간이 따를 만한 것이다. 생각하는 인간의 사랑법은 어떠한가? "그대의 존경할 만한 부분을 상기하"지만 "되돌아보면 물때 낀 거울에 비친 나의 형상은 흉측"하다.

이것은 무엇인가. 시인 스스로가 진실한 사랑이 아니라는 고백이다. 욕망에 대한 자아 성찰이다. 그리하여 "별들은 반짝이기 전에 시들며" "호수는 겨울에 얼어붙"는다. "마음은 원 없이 방랑하며" "지쳐 활기를 잃었고, 삶의 때가 묻어 어"두운 상태다. 당신과 나는 일치할 수 없으며 그것의 극복은 "10월의 순례를 떠"나는 것이다. 당신과 나는 다른 길이라는 불화는 추억마저 무의미하고 "각자의 인생을 살아갈" 뿐이다.

시인은 순수한 사랑을 따르는 것 같다. 계속해서 사랑하는 마음을 언급하며 "그 마음을 담아내기에" "못된 마음은 좁았고" "상처 입었던 과거는 두려웠다"고 한다. 여기서 상처 입었던 과거는 중요하다. 트라우마를 이야기하고 있기 때문이다.

   시인은 과거 어느 시점에서 여성에 대한 부정적 경험이 있었다는 것을 추측할 수 있다. 그 경험이 지금의 사랑하는 사람과의 관계에서 불쑥 튀어나와 깊은 마음에서 부정적 본능을 일깨운다. 그럼에도 불구하고 시인은 끊임없는 승화 과정을 보여준다. "나는 누구의 눈빛도 외면하지 않습니다 / 눈빛은 맑고 투명하고 / 거리를 걷는 사람들의 웃음은 예쁩니다".

   사랑하는 사람은 사랑받는 사람보다 얼마나 어려운 입장인가. 설명할 수 없는 마음이다. "그윽하니 고독하게 남겨진 마음"이고 "사랑하는 그녀 이제 간 곳 없"다. 이별할 때조차 이타심으로 상대를 바라본다. "네가 떠날 때 / 나의 웃음 짓는 입매를 보며 / 나의 서글픈 눈빛은 보지 말기"를 원한다. 너에게서 버림을 받았지만 시인은 그 아픔을 드러내지 않는다. 현실은 비순수의 세계이지만 추억은 아름답다. "눈 시린 반짝이는 온기를 품는 것들만 / 이상하리만치 궁금하게 / 새겨지는 것이다".

3. 푸른, 아픈 꽃

   마음은 변하고 시는 마음을 따라서 드러난다. 시인은

"우수"에 젖어있다. "삶은 친절하지 않았고, / 나에게 불가능한 것을 요구하였고 / 나는 최선을 다해 대하다가 / 그리고 우아하게 실패했다". 삶은 시인이 생각하듯 친절하지 않았다. 그리하여 요구와 최선과 실패는 당연한 순서처럼 시인에게 들이친다. 시인은 사회인으로 한계를 발견하고 우수의 감정으로 돌아갈 수밖에 없다. 결국에는 "산다는 것이 이렇게 힘든 줄 알았다면 / 태어나지 말 걸 그랬습니다"라고 절망의 상태까지 다가간다. 스스로 자신을 벼랑으로 내몬다.

이 원인 중의 하나를 가족에게서 찾을 수도 있겠다. 불화하는 가족에서 시인은 그 역할을 쉽지 않게 여기는 듯하다. "아프신 아버지, / 병원에 모셔가라고 청하는 어머니"에서 그 사실을 알 수 있다. "한 번 더 웃어주고 한 번 더 말을 걸고 / 한 번 더 작지만 순수한 친절, 5분의 상냥함을 / 베풀어야 했을 것이다".

시인의 소박한 이상은 상냥함에로의 의지다. 병든 아버지를 통해 시인은 가족의 의미를 반추하고 있다. 이러한 한계상황을 돌파하는 방법으로 시인은 잠과 꿈과 동화의 세계를 갈망한다. 그러나 "부드러운 꿈은 내 곁을 떠나고, / 나는 부드러운 꿈을 잊어버"린다. "더 이상 동화 속 나라의 초대장은 도착하지 않고 / 나는 어른이 되었다"라고 스스로 깨닫는다.

시인은 별들을 바라보며 별 속으로 자신의 감정을 넣는다. 애잔하고 쓸쓸하게 빛나는 별은 겨울이다. "겨울밤 마음은 깊게 패어 있다". "이 모든 세상과 삶을 나는 도저히 알아갈 수 없다". 시인은 세상과 삶에 대하여 긍정할 수 없다. 이것은 방황이며 탕아가 되는 지름길이다. "저의 등불은 희미해져 가며 / 차가운 눈보라가 눈앞에 흩날"린다. 절망과 고통이 세파를 통해 충분히 증명되는 순간이다.

불길한 상징으로 볼 수 있는 「까마귀 떼」에서는 "무엇을 찾고 있느냐 / 나의 마음을 파먹는 고통을"이라고 마음이 가닿은 지극한 한계를 드러내고 있다. 물의 장례식, 수장을 시인은 생각한다. "소름끼치는 비명이 그치자, 살아가는 것에 대한 냉혹한 / 책임감이 엄습했다 / 고요함은 비명보다 두려웠다".

어린이에서 청소년을 거쳐 어른이 되는 과정에서 느끼는 책임감은 고요하게 시인을 엄습한다. 물은 이러한 부정적 삶에 일침을 가한다. 마음은 다스리기 어려우며 인생은 불행을 내포하고 있으며 그것을 인정해야 한다는 현실을 이야기하고 있다. "이제 죽은 허스키"마저 어디에 묻혀 있는지 알 수 없다.

추억과 꿈에서만 길렀던 개는 살아있다. 개가 짖는 것도 상상 속에서만 느낄 수 있다. 홀로 인간사회에 던져진 자아를 자각한다. 인간의 이기심에 대한 충고를 시인은 아끼지 않는다. "어느 어두운 밤 타오르는 촛불 앞에 / 혼자된 자신의 / 왜소한 현실을 마주한다". 신성한 촛불 앞에서 자신의 존재에 대한 뼈저린 절대고독을 감내하는 것이다.

 삶은 슬픈 농담이며 별처럼 움직인다. 자신을 찾기가 어려운 시대에 "나는 처음으로 해변이 텅 비어 있음을 깨달"게 된다. 해변을 통한 무심한 경지를 발견한다. 그리하여 시인은 자기 정체성의 부재를 만나게 되는 것이다. 이런 의식은 아버지를 통해 반추된다. "그 옛날 치매 걸리시기 전 /아버지가 구해다 준 내 낡은 책상"은 그나마 자기의 존재를 환기하는 것이다.

4. 마음을 고백하다

 시는 자기 고백의 표현이다. 시는 상대적이며 시인 개인은 작품으로 집중된다. 한진수 시인의 작품은 솔직한 자기 고백으로 넘쳐난다. 어떠한 꾸밈이나 시적 장치 혹은 미학적 탐닉과는 일정 거리가 있다.
 시인의 시는 대부분 젊은 날의 사랑과 삶의 허망함을 안고 있다. 어쩌면 허무주의로 보일 수도 있다. 하지만 절망 속에서도 희망의 끈을 놓지 않고 불행을 극복하고 한계를 승화하는 작업을 멈추지 않는다.

  시인은 푸른 수국을 특별하게 생각하고 있는 듯하다. 그것은 "그녀가 좋아하는 꽃"이기 때문이다. 그러나 솔직한 심정은 "내 마음속에 품었던 수국이여 / 시들어라! 두 번 다시 꽃피우지 말지어다!"이다. 우리는 사랑과 이별, 애증과 분노를 느낀다. 수국을 통해 그녀에 대한 저주를 아끼지 않는 것이다. "시들지 마라"가 아니라 "시들어라"는 이 말은 어쩌면 허무하게 느껴질 수도 있다.

  그러나 시인은 다른 한 편 건강하고 진취적이다. 이 마음에서 "나는 두려움 없이 파도를 껴안고 / 닻을 끌어올리고, 돛을 펼친다". 시련을 시련으로 받아들이는 것이 아니라 온전히 온몸과 온 마음으로 수용한다. 그리고 항해를 위한 희망을 마음에 가득 채운다.

  마음 작용에 대한 단상과 같은 분석이 자주 등장하는 것도 이 시편들의 특징이다. 시인은 스스로 소심하다고 자신을 정의한다. "알겠는가 설명하고 싶지만 설명할 수 없는 이 마음을 / 이 얼마나 쉽게 설탕처럼 부서져 버리는 마음인가". 약속의 땅, 희망이 실현되는 땅은 허상이라고 생각하는 시인이다. 마음은 한마디로 설명되지 않는다. 성스러움의 끝에 다다르지 못한 마음밭은 설탕처럼 쉽게 부서진다.

  여기에서 시인은 고민한다. 마음은 과연 삶을 옥죄이는

부정적인 근원의 뿌리인가? 사랑하는 대상 때문에 고뇌하는 마음을 어떻게 다스릴 것인가? 쉽지 않은 과제다. 사랑은 떠나고 "그처럼 솔직한 사랑은 이제 느낄 수 없으"며 "너에게 바치던 꾸밈없는 글자들"은 사라졌다. 슬픔을 떠나 미지의 바다로 떠나는 것은 시인의 선택이다. 그러나 그 바다에서도 생활은 쉽지 않다.

시인은 마음을 고백한다. "폭풍이 몰아치기를 / 물결은 두 번 다시 잔잔하지 말기를 나는 바"란다고. 시인은 여러 가지 일관되지 않는 감정들을 시로 투영하고 있다. 하지만 그 범위는 일관된 소재를 가진다. '삶과 사랑' 그리고 '가족, 특히 아버지'다.

시인은 이상주의자다 "알바트로스 한 마리 먼 하늘을 따라 날아"가는 것을 보고 시인은 자유를 꿈꾼다. 알바트로스는 하늘로 날아오를 때 자신의 진가를 유감없이 발휘한다. 그런데 다른 시에서는 알바트로스의 죽음을 이야기한다. "슬픔이 나를 삼킨 뒤 / 내 마음이 삶의 기쁨을 여의고 난 후 / 그 사랑의 섬은 떠올리지 않았으면 했"다.

그리고 "나는 망망대해에 혼자였다"는 것이다. 고독으로의 도피가 떠오르는 대목이다. 시인은 "넘실대는 파도 앞에 / 나 어느새 울고 있었다"고 고백한다. 해답을 찾을 수 없는 상태이다. 이 혼돈의 상황은 다음과 같이 "나는 때로 분노했으며 / 불화 속에 살기를 소망했"다고 한다.

그 관념은 '보복과 응징!'이며 '처벌과 정의!'다. 사랑했던 사람에 대한 단죄며 시인을 괴롭혔던 현실에 대한 대응이다. 사랑에 대한 미련은 끝날 수 없다. 영원한 밤이 이어져서 추억이라는 꿈속에서 사랑하는 사람의 얼굴을 하염없이 볼 수 있다는 상념을 가지는 것이다. 나약한 마음과 좌절이 이어진다. "친구들은 나를 광인, 혹은 정신질환자라고 부"른다. 인생의 실패자라는 자기 자책은 "그녀와 나 사이에 있었던 둘 사이의 약속"을 "이제 없던 것으로 하자고"한다. 시인이 돌파해야 할 한계다.

시인은 서정시를 쓰지만 스스로 순수하지 않다고 한다. 사랑하는 여인을 밀어내고 고통을 보며 웃는 자신을 발견하다. 그러면서도 깊어가는 밤에 무엇 때문인지 알 수 없는 울음을 서럽게 운다. 시인이 가진 마음의 이중성을 엿볼 수 있다.

시인은 "저 먼 바다로 나의 악마와 함께 항해할 / 계획"이다 "사랑하는 그녀와 이별해 / 이 먼 바다에는 나뿐이"다. 바다는 시인의 한계를 설명하는 공간적인 배경이 된다. 해류는 시인을 멀리 데려간다. 다가오는 폭풍 속에서 용서와 연민을 떠올린다. 진실한 사랑은 좌절로 이어졌다.

시인은 불안한 희망 속에서 자유를 꿈꾼다. 사랑을 품고 바다를 향해 떠나려 한다. 시인의 "가슴은 별 없는 밤처럼 비었"다. 그녀의 이름을 부르기 어려운 화자를 발견하다. 환각 속에서 꿈은 실현 불가능하며 부조화로 힘든 시인을 조롱한다. "한때 완벽한 아름다움"은 이제는 잔인한 결과를 낳았다.

결국 시인은 "알바트로스와 함께" 자신의 이상향으로의 여정을 시작한다. 마음에 남은 것은 추억뿐이다. 이제 추억의 반추는 끝났다. 오로지 시인의 몫인 지금은, 새로운 시적 방향을 모색할 때다.